SP
613.7
ROWE

6 minutos al día

ESTIRAMIENTOS

6 minutos al día

ESTIRAMIENTOS

FAYE ROWE

PaRragon

Bath · New York · Singapore · Hong Kong · Cologne · Delhi · Melbourne

Copyright © Parragon Books Ltd

Producido originalmente por Bridgewater Book Company Ltd

Fotografía: Ian Parsons
Modelo: Louisa Jarvis
Asesoramiento deportivo: Samantha Fuery

Copyright © 2008 de la edición en español:
Parragon Books Ltd
Queen Street House
4 Queen Street
Bath BA1 1HE, Reino Unido

Traducción del inglés: Gemma Deza Guil para LocTeam, S. L., Barcelona
Redacción y maquetación: LocTeam, S. L., Barcelona

ISBN 978-1-4075-1680-6

Impreso en Indonesia
Printed in Indonesia

Advertencia
Consulte con su médico antes de realizar estos ejercicios, en especial si padece alguna lesión, está embarazada o ha dado a luz recientemente. Se recomienda dejar transcurrir al menos seis semanas después del parto antes de practicar ejercicio (12 semanas en caso de cesárea). Si en algún momento sintiera dolor o molestias, deje de practicar los ejercicios y consulte de inmediato con su médico.

ÍNDICE

INTRODUCCIÓN	6
PIERNAS	10
GLÚTEOS	16
GEMELOS Y TOBILLOS	20
ABDOMINALES Y CINTURA	24
BRAZOS, HOMBROS Y PECHO	30
ESPALDA Y CUELLO	38
PLAN QUINCENAL	44
ÍNDICE ALFABÉTICO	48

INTRODUCCIÓN

Si quieres estar en forma, dedicar unos minutos diarios a realizar estiramientos puede serte de gran ayuda. Los estiramientos contrarrestan el acortamiento de los músculos provocado por el ejercicio físico, ayudan a tonificar piernas y brazos y a ganar flexibilidad.

Una tabla para el resto de la vida

Si nunca te has parado a pensar qué beneficios pueden tener los estiramientos para tu salud y tu cuerpo, este libro te revelará lo importantes que son como parte de cualquier programa para mejorar la salud y la forma física. Realizar estiramientos con regularidad reduce el riesgo de sufrir lesiones en las articulaciones, los músculos y los tendones al practicar ejercicio. Además, es un modo excelente de aliviar el dolor y la tensión que se puede experimentar tras una sesión de gimnasia extenuante.

Después de un tiempo practicando ejercicio, algunas personas sienten que se estancan y muchos entrenadores físicos y médicos recomiendan realizar estiramientos para lograr ese cuerpo que tanto ansiamos.

Dedicar seis minutos todas las mañanas a practicar los estiramientos de este libro te ayudará a lograr un cuerpo envidiable. Esta tabla no está concebida para practicarla únicamente durante dos semanas; es una tabla para el resto de la vida. Cuanto más tiempo la pongas en práctica, mejor aspecto tendrás y mejor te sentirás.

Los estiramientos desarrollan los músculos de una forma distinta a los ejercicios cardiovasculares o con pesas. De modo que, si ya dedicas tiempo a hacer ejercicio, deberías reservar unos minutos al día para hacer estiramientos.

Y si sudar la camiseta en un gimnasio no va contigo, este es un modo excelente de mantenerte en forma.

El ejercicio físico en general ayuda a quemar calorías y grasas al tiempo que se estiran y se definen los músculos. Los estiramientos, además, los alargan y los tonifican. Como resultado, se consigue un aspecto más estilizado aunque no se haya perdido peso. Eso sí, si realizas estiramientos con asiduidad, su efecto tonificante puede hacer que te resulte más fácil quitarte esos kilos rebeldes y conseguir una silueta más esbelta. Así que, ¡ya estás un paso más cerca de caber en esos vaqueros ajustados que tanto te gustan! Es posible que incluso te sientas más alta, ya que algunos de los estiramientos de este libro te ayudarán a mantener una mejor postura corporal.

Relajación y eliminación de toxinas

Si aún necesitas más argumentos, te complacerá saber que los estiramientos también son enormemente beneficiosos para la mente. Pese a que se requiere cierta concentración para asegurarse de estar realizando los ejercicios correctamente y esforzándose al máximo, pronto descubrirás lo relajantes que pueden ser.

Puesto que lo mejor es realizar estos ejercicios en silencio o con música relajante de fondo, estirarse puede ser casi como meditar. Reservar sólo seis minutos por la mañana para hacer esta tabla te ayudará a afrontar de forma positiva el nuevo día. A medida que te familiarices con los estiramientos, podrás combinar los movimientos con respiraciones profundas y visualizaciones positivas, gracias a lo cual lograrás dejar la mente en blanco unos instantes. Estirar los músculos es también un método excelente para estimular el sistema linfático, que a su vez ayuda a limpiar el cuerpo de toxinas y estimula la circulación. Así que, si necesitas un empujoncito, este libro es el complemento ideal para darle el primer impulso a una dieta de desintoxicación.

Además, no tienes que estar en una forma física de campeonato para realizar los estiramientos. Esta tabla es ideal para principiantes y personas con alguna patología médica, como asma, a las que pueda resultar arduo practicar ejercicios más enérgicos.

El plan quincenal

Los 34 estiramientos de este libro tienen como finalidad estirar los principales grupos de músculos. Cada capítulo se centra en una zona del cuerpo, y el plan quincenal te ayudará a combinar el abanico de ejercicios para obtener los mejores resultados.

Cada estiramiento dura unos 30 segundos. Puedes combinar los ejercicios para crear una tabla de seis minutos. Lo mejor es repetir cada estiramiento tres veces, diez segundos cada vez, haciendo una pausa entre las repeticiones. Siempre que te sientas cómoda y no te detengas más de un par de segundos entre ejercicios, la tabla resultará eficaz. Si te es imposible encontrar tiempo por las mañanas, puedes practicar los ejercicios antes de irte a dormir, pero recomendamos hacerlos por la mañana para aprovechar los beneficios para el cuerpo y la mente que hemos indicado.

INTRODUCCIÓN

En cualquier caso, si practicas esta tabla con regularidad (lo ideal es todos los días), al margen de la hora a la que lo hagas, notarás los resultados.

Ahora bien, aunque el plan quincenal constituye un magnífico punto de partida, piensa que deberías realizar estiramientos todos los días... ¡durante el resto de tu vida! Los efectos de los estiramientos son acumulativos, de modo que, si dejas de hacer los ejercicios de repente durante un tiempo prolongado, perderás casi toda la flexibilidad que tanto te ha costado ganar. Esto ocurre porque los músculos responden más fácilmente a otras formas de ejercicio, como correr o hacer bicicleta, que hacen que los músculos se contraigan y se acorten. Incluso el caminar diario tendría el mismo efecto en los músculos, de modo que ya ves lo esenciales que son los estiramientos para mantenerse ágil y flexible.

Material necesario

No necesitarás mucho equipo para hacer estos estiramientos, aunque sí hay algunas cosas que merece la pena adquirir. Para las principiantes, se recomienda hacerse con ropa cómoda, que transpire y confeccionada con tejido elástico, para que no limite los movimientos. En las tiendas de deporte encontrarás el material adecuado. Existen también algunas gamas diseñadas especialmente para la práctica de ejercicios basados en estiramientos, como el yoga, que te irán como anillo al dedo.

Es recomendable comprar una esterilla de caucho, porque evita que te resbales y proporciona una superficie cómoda para trabajar. No es necesario calzarse zapatillas de deporte: puedes hacer los estiramientos descalza o con unos calcetines antideslizantes. Si quieres, puedes usar «zapatillas de yoga», que están a medio camino entre unos calcetines y unas zapatillas de deporte y dan estabilidad al pie al tiempo que evitan resbalones.

Ten a mano un despertador o un reloj de pulsera para asegurarte de estar practicando los estiramientos el tiempo debido. ¡Y ya sólo falta pensar en positivo!

¡En marcha!

Una buena manera de empezar es dedicar una tarde a hojear este libro tranquilamente para familiarizarte con los distintos estiramientos. Los ejercicios se explican paso a paso y se ilustran para que sepas exactamente cómo debes practicarlos y qué debes notar. Una vez te hayas enfundado en ropa cómoda, apaga el televisor, desconecta los teléfonos y ponte música relajante. Busca un lugar en tu casa donde puedas estirar brazos y piernas sin chocar con nada y, con el plan quincenal en la mano, empieza a trabajar.

Antes de comenzar con los ejercicios hay que hacer un poco de calentamiento. Basta con recorrer con brío la casa unos instantes o correr en el sitio unos segundos. Conviene hacer siempre este precalentamiento, sobre todo si acabas de levantarte. No obstante, no temas, el riesgo de sufrir un esguince al practicar los estiramientos es mínimo. Lo importante es que nunca notes dolor y te sientas cómoda al estirar.

Una regla de oro es intentar practicar cada estiramiento esforzándose al máximo, pero sin llegar a sentir dolor. Todos los estiramientos deben realizarse un máximo de tres veces durante diez segundos cada vez. Puede resultar tentador «rebotar» mientras se realiza el estiramiento para llegar un poco más lejos, por ejemplo para tocar el suelo con las manos. Sin embargo, hacerlo puede forzar los músculos, así que no es recomendable.

Si una vez que te hayas acostumbrado a los estiramientos crees que podrías dar un poco más de sí, puedes intentarlo forzando la posición lentamente y con sumo cuidado. Si sientes un dolor constante a resultas de practicar estos ejercicios, consulta a tu médico.

Puede sonar obvio, pero recuerda respirar en todo momento. Muchas personas tienen tendencia a aguantar la respiración mientras se encuentran en ciertas posturas, lo cual es más que desaconsejable. Respira profunda y lentamente durante todos los ejercicios, ya que ello te ayudará a llevar oxígeno a los músculos y hará que los estiramientos resulten más eficaces.

¡No tires la toalla!

Escabullirse de hacer ejercicio es fácil cuando uno no está en su mejor día, y está bien darle una pausa al cuerpo de vez en cuando. Pero si alguna vez sientes la tentación de tirar la toalla, relee estos consejos y volverás a encontrar la motivación para seguir adelante:

• Visualiza el aspecto que tendrás y cómo te sentirás si sigues realizando la tabla de ejercicios en lugar de abandonar: eso debería bastar para animarte.

• Recuerda que levantarte seis minutos antes no te robará demasiado tiempo de sueño. Te sentirás más despierta después de practicar los ejercicios que si hubieras disfrutado de unos minutos más en la cama.

• Estirarse no sólo es bueno para el cuerpo, sino también para la mente. Así que, si estás decaída, ¡es la fórmula perfecta para animarse!

Estiramiento de isquiotibiales

Los isquiotibiales son los músculos situados en la zona posterior de los muslos. Muchas personas padecen el acortamiento de estos músculos, sobre todo si practican mucho deporte, motivo por el cual es conveniente estirarlos. El acortamiento puede provocar que las caderas y la pelvis se roten hacia atrás y hacer que camines en una mala postura.

1 Siéntate en el suelo con las piernas estiradas hacia delante y los pies flexionados. Siéntate con la espalda recta y apoya las manos en las caderas.

2 Inclínate hacia delante desde las caderas, aproximando el torso a los pies. Puedes alargar los brazos e intentar tocarte los dedos de los pies, pero asegúrate siempre de no encorvar la espalda.

3 Mantén la postura diez segundos, sin rebotar. Regresa a la posición inicial y repite el estiramiento dos veces más.

ATENCIÓN
Este estiramiento trabaja sobre los isquiotibiales de las dos piernas simultáneamente, de modo que obtendrás beneficio por partida doble.

1

2

Estiramiento de aductores

Este estiramiento va dirigido a los músculos de la zona interior del muslo, llamados
aductores. Es un modo sencillo de estirar
ambas piernas al mismo tiempo y un
ejercicio excelente para combinar con
una breve meditación.

1 Siéntate en el suelo con las rodillas
dobladas y las plantas de los pies
pegadas. Es la llamada «postura mariposa».
Aguanta pegadas las plantas de los pies
con ambas manos.

2 Endereza bien la espalda y contrae
los músculos del abdomen, metiéndolos hacia dentro como si quisieras pegarlos
a la espalda.

3 Estira los aductores intentando
llegar con las rodillas al suelo. No
rebotes las rodillas.

4 Cuando hayas bajado las rodillas lo
máximo posible, mantén la posición
diez segundos. Relaja poco a poco las
piernas y repite el estiramiento dos veces
más durante diez segundos.

ATENCIÓN

Asegúrate de no encorvar la espalda. Si lo haces,
te resultará más fácil llegar al suelo con las rodillas,
pero el estiramiento no será tan eficaz.

Estiramiento de los flexores de la cadera

Este ejercicio estira los músculos flexores de la cadera (los iliopsoas) y los músculos anteriores de los muslos (los cuádriceps). Puede parecer un movimiento mínimo, pero tiene grandes resultados. Es excelente para aliviar la tensión acumulada en los músculos tras permanecer sentada gran parte del día.

1 Colócate de pie con los pies ligeramente separados (alineados con las caderas) y las manos en la cintura.

2 Da un paso atrás con la pierna derecha, separándola unos 30 cm de la izquierda. Mantén ambos pies con toda la planta apoyada en el suelo.

3 Dobla las dos rodillas y agáchate unos centímetros.

4 Levanta el tobillo de atrás e inclina la pelvis hacia delante, el trasero se desplazará hacia delante y la cadera hacia arriba. Notarás el estiramiento en la cadera y en los cuádriceps de la pierna de atrás.

5 Mantén la posición siete segundos, estira las piernas, y vuelve a flexionarlas otros siete segundos. Repítelo con la otra pierna.

ATENCIÓN
Si necesitas apoyarte en algo, colócate cerca de una pared o junto a una silla.

ATENCIÓN

No separes las rodillas mientras mantienes
la posición o los cuádriceps no se estirarán
como es debido.

2

Estiramiento de cuádriceps

Los músculos cuádriceps se encuentran en
la zona frontal de los muslos. Dependiendo
de tu flexibilidad, este ejercicio puede ser un
tanto duro al principio, pero poco a poco va
resultando más fácil. Si eres muy flexible y
te gustaría notar más el estiramiento, basta
con echar ligeramente hacia delante la cadera
de la pierna que estás estirando.

1 Ponte de pie junto al respaldo de una silla
y apóyate en ella con la mano izquierda.

2 Sin separar las rodillas, dobla la pierna
derecha hacia atrás, agárrate el pie o
el tobillo con la mano derecha y estira hasta
que el talón toque el glúteo. Asegúrate de
mantener la pierna izquierda recta, con la
rodilla relajada (no bloqueada) y la planta del
pie totalmente apoyada en el suelo.

3 Mantén la posición aproximadamente
siete segundos, deshazla lentamente y
luego repite el ejercicio con la pierna
izquierda.

PIERNAS

Manos al suelo

Este estiramiento actúa sobre todos los tendones y músculos de la zona posterior de las piernas, incluidos los isquiotibiales y los gemelos. Empieza a practicarlo con las piernas bastante separadas y, a medida que ganes flexibilidad, ve juntándolas.

1 Colócate de pie con los pies separados y los brazos estirados a los lados.

2 Inclínate hacia delante lentamente desde las caderas e intenta tocar el suelo. Si no lo logras, llega hasta donde puedas.

3 Realiza el estiramiento tres veces, diez segundos cada vez, recuperando la posición inicial entre ellas. No rebotes.

ATENCIÓN

Recuerda dejar la cabeza y el cuello relajados. Resulta tentador mirar hacia delante, pero hacerlo sólo aumentará las posibilidades de provocarte una contractura en algún músculo del cuello.

1

2

Zancada

Las zancadas te ayudarán a estirar los cuádriceps de la pierna de atrás. Esta es una postura frecuente en las tablas de yoga y, si respiras de forma profunda y continuada durante el estiramiento, puede resultar muy relajante.

1 Colócate de pie con los pies separados unos 15 cm y las manos apoyadas en las caderas.

2 Echa hacia atrás la pierna izquierda al tiempo que doblas la derecha de modo que la rodilla dibuje un ángulo recto. Asegúrate de que la rodilla esté alineada con el tobillo. Debes mantener el pie derecho completamente apoyado en el suelo.

3 Inclínate hacia delante y coloca las manos a ambos lados del pie derecho. Al hacerlo, notarás el estiramiento en la pierna izquierda, apoyada únicamente sobre los dedos del pie.

4 Mantén la postura durante dos repeticiones de siete segundos con la pierna derecha, recuperando la posición inicial entre ellas, y luego repite el estiramiento con la pierna izquierda.

ATENCIÓN

Para sacar el máximo partido a este ejercicio, mantén la pierna de atrás estirada en todo momento, de modo que la rodilla no toque el suelo.

2

3

GLÚTEOS

Estiramiento del músculo piriforme

Los músculos piriformes son músculos profundos de los glúteos. Este ejercicio es excelente para despertar el trasero tras una larga noche de sueño.

1 Túmbate boca arriba con las dos piernas dobladas, los pies planos en el suelo y los brazos estirados con las palmas de las manos contra el suelo.

2 Levanta la pierna derecha y, rotándola desde la cadera, crúzala sobre la izquierda, de modo que el tobillo derecho descanse sobre la rodilla izquierda.

3 Cógete el muslo izquierdo con ambas manos y tira de él hacia el pecho, levantando con cuidado la pierna del suelo. Debes notar el estiramiento en la zona exterior de la pierna derecha.

4 Realiza el estiramiento dos veces durante siete segundos y repítelo con la pierna izquierda.

ATENCIÓN

Procura estar relajada durante todo el ejercicio para no bloquear la cadera. No tenses los hombros.

Estiramiento de glúteos

Esta postura es ideal para estirar los glúteos mientras permanecemos sentadas. Es difícil de perfeccionar, pero se trata de un ejercicio intenso y profundo que puede dar excelentes resultados.

1 Siéntate en el suelo con la espalda recta.

2 Estira la pierna derecha hacia delante, con el pie en punta.

3 Dobla la pierna izquierda y acércatela al cuerpo, con el pie plano en el suelo.

4 Pasa la pierna izquierda por encima de la derecha, de modo que el pie izquierdo quede plano apoyado en el suelo junto a la rodilla derecha.

5 Con el brazo derecho, abrázate la rodilla izquierda.

6 Estira de ella hacia el hombro derecho hasta notar el estiramiento. El torso se girará por la cintura y quedará encarado hacia la izquierda.

7 Mantén la posición durante dos repeticiones de siete segundos y luego repítela con la otra pierna.

ATENCIÓN
Si quieres sacar el máximo partido a este estiramiento, no te reclines hacia atrás. Mantén la espalda erguida y el ejercicio resultará más eficaz.

GLÚTEOS

Sentadilla sobre una pierna

Este ejercicio trabaja los mismos músculos que el estiramiento de glúteos anterior, pero además te ayudará a encontrar tu centro de equilibrio. El estiramiento te irá resultando más fácil a medida que los gemelos se vuelvan más flexibles, porque podrás agacharte más sin que los talones se despeguen del suelo.

1 Sitúate tras una silla, de lado, con los pies ligeramente separados (alineados con las caderas) y las rodillas relajadas. Apóyate en la silla con la mano izquierda para mantener el equilibrio.

2 Dobla la pierna derecha y apoya el pie derecho sobre la rodilla izquierda.

3 Poco a poco, dobla la rodilla izquierda y agáchate. El pie izquierdo no debe despegarse del suelo en ningún momento.

4 Al ir descendiendo, la rodilla izquierda irá levantando el pie derecho y empezarás a notar el estiramiento en la cadera, el glúteo y el muslo izquierdos.

5 Una vez hayas bajado lo máximo que puedas, mantén la posición siete segundos. Repítelo con la misma pierna y luego dos veces con la otra.

ATENCIÓN
Mantén la columna recta en todo momento; este ejercicio te ayudará a evitar el dolor de espalda.

Estiramiento de glúteos y muslos

Está más que comprobado que este estiramiento actúa sobre todos los músculos posteriores del muslo y los glúteos. Clava la vista en los dedos del pie de la pierna estirada mientras lo practicas, ya que eso te motivará a llegar lo más lejos posible.

1 Colócate de pie frente a una silla, a un paso largo de distancia, con los pies ligeramente separados (alineados con las caderas).

2 Con las manos en las caderas, levanta la pierna derecha y apoya con firmeza el pie derecho en el asiento de la silla.

ATENCIÓN
Asegúrate de que la silla esté bien colocada y apoya el pie entero en el asiento.

3 Inclínate hacia delante desde la cintura y tócate los dedos del pie derecho con ambas manos. Debes notar el estiramiento en el glúteo y el muslo derechos.

4 Realiza el estiramiento dos veces, manteniendo la posición durante siete segundos cada vez, sin rebotar, y luego repítelo con la pierna izquierda.

2

3

Estiramiento de gemelos

Si corres o caminas mucho, tal vez notes que los gemelos se te agarrotan y pierden flexibilidad. Este estiramiento te ayudará a destensarlos y aliviarlos.

1 Colócate a cuatro patas en el suelo, con las rodillas alineadas con las caderas y las manos alineadas con los hombros. Pon los pies de puntillas para asegurarte de que el peso se reparte entre brazos y piernas.

2 Levántate del suelo estirando los brazos y las piernas y levantando el trasero. No bloquees los codos ni las rodillas.

1

3 Intenta bajar los talones poco a poco hasta apoyarlos en el suelo. Realiza este ejercicio tres veces, diez segundos cada vez, recuperando la posición inicial entre ellas.

ATENCIÓN

Tal vez no consigas mantener la posición durante diez segundos al principio. Hazlo lo mejor que puedas y no te desanimes: con el tiempo te saldrá mejor.

2

Alargamiento del gemelo

Es habitual ver a quienes hacen *footing* realizando este ejercicio después de correr. Es un buen modo de estirar de forma controlada las pantorrillas y, en concreto, el músculo gastrocnemio (el músculo grande situado en la zona posterior del gemelo). Para sacar el máximo partido a este estiramiento, apoya el peso en la pared.

1 Colócate frente a una pared, a la distancia de los brazos, con los pies separados y alineados con los hombros.

2 Echa la pierna derecha hacia delante y dobla la rodilla.

3 Coloca las palmas de las manos planas contra la pared, a la altura de los hombros.

4 Da un paso atrás con la pierna izquierda y, mante-niéndola recta, apoya firmemente el talón en el suelo. Deberías notar el estiramiento del gemelo izquierdo. Mantén las caderas niveladas y en dirección a la pared, y la pierna de atrás y la espalda dibujando una línea recta.

5 Mantén la posición durante siete segundos, repítelo con la misma pierna y luego realiza otras dos tandas con la otra pierna.

ATENCIÓN
Si quieres notar más el estiramiento, sencillamente aleja un poco más la pierna de atrás de la pared.

GEMELOS Y TOBILLOS

3

Estiramiento del sóleo

El sóleo es un músculo pequeño localizado en la pantorrilla y situado un poco por debajo de los gemelos, bajo el gastrocnemio. Suele resultar muy difícil de trabajar, pero este ejercicio está especialmente pensado para estirarlo.

1 Colócate de pie frente a una pared, con los pies separados a la distancia de los hombros y apoyados planos en el suelo.

2 Dobla las rodillas y agáchate un poco.

3 Apoya las palmas de las manos planas contra la pared y, poco a poco, inclínate hacia la pared hasta notar el estiramiento de los músculos inferiores de las pantorrillas.

4 Realiza tres repeticiones de diez segundos cada una.

ATENCIÓN

Este estiramiento es más sutil que los que trabajan los músculos gastrocnemios. Si te resulta difícil notar el estiramiento, aléjate un paso más de la pared y dobla las rodillas un poco más.

Rotación de tobillos y estiramiento de gemelos (Punta-flex)

Este es un ejercicio muy fácil de realizar que tal vez te recuerde a las clases de *ballet* a las que asististe de niña. Lo mejor es realizar el movimiento que se explica abajo continuamente, en lugar de mantener cada posición unos segundos. Esfuérzate en estirar al máximo la punta de los pies y en flexionar el tobillo. Cuanta más rotación, mayor será el estiramiento.

1 Siéntate en el suelo con las piernas estiradas hacia delante.

2 La espalda debe estar recta y las manos, apoyadas en el suelo, junto a los glúteos, para ayudarte a mantener el equilibrio.

3 Empieza flexionando el pie hacia ti. Flexiónalo tanto como puedas. A continuación estira la punta lo máximo que puedas.

4 Repite el movimiento de forma lenta y continuada hasta agotar los 30 segundos.

ATENCIÓN

Intenta no realizar el ejercicio demasiado rápido.
La prioridad es notar el estiramiento, no hacer las máximas
repeticiones posibles en el tiempo establecido.

3

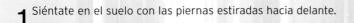
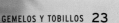

ABDOMEN Y CINTURA

2

Estiramiento lateral

El estiramiento lateral es un ejercicio excelente para calentar la zona abdominal y la cintura. Se trata de un movimiento muy suave que ayuda a preparar la zona al tiempo que estira los músculos más importantes localizados en ella.

1 Colócate de pie con los pies separados (alineados con las caderas) y los brazos estirados a ambos lados. Mantén las piernas rectas, con las rodillas relajadas.

2 Inclínate hacia la derecha, deslizando el brazo derecho en dirección a la rodilla a medida que desciendes. Mantén la espalda recta y el cuello alineado con la columna en todo momento. Deberías notar el estiramiento en el lado izquierdo.

3 Realiza el estiramiento dos veces hacia cada lado, recuperando la posición inicial entre cada una de ellas.

ATENCIÓN
No tienes que doblarte mucho, basta con llegar con la punta de los dedos a la rodilla.

Estiramiento lateral con brazo

Este ejercicio a la vieja usanza actúa sobre los músculos laterales de la cintura, llamados oblicuos. Es un ejercicio ideal para estirar los michelines de la cintura y, además, te ayudará a lucir un aspecto fresco de buena mañana.

1 Colócate de pie con los pies alineados con las caderas y los brazos estirados a los lados. Dobla ligeramente las rodillas, para no bloquearlas. Mantén la espalda recta, y el cuello y la cabeza en línea con la columna.

2 Levanta el brazo izquierdo por encima de la cabeza y dobla la cintura hacia la derecha, de tal modo que la mano derecha descienda en paralelo a tu pierna derecha. Estira al máximo el brazo izquierdo por encima de la cabeza. Deberías notar el estiramiento en el lado izquierdo de la cintura.

3 Realiza el estiramiento dos veces hacia cada lado, aguantando la posición siete segundos cada vez y recuperando la postura inicial entre cada una de ellas.

ATENCIÓN
No hace falta doblarse demasiado.
Basta con notar sutilmente el efecto del estiramiento.

Torsiones

Las torsiones son otro método excelente para estirar los músculos oblicuos. Este movimiento te ayudará a desarrollar unos músculos alargados y esbeltos, y a lucir una cintura estilizada. Únicamente debes notar un estiramiento sutil, de modo que no incurras en el error de girar demasiado la cintura para forzar los músculos.

1 Colócate de pie con los pies alineados con las caderas. Apoya los pies completamente en el suelo, con los dedos hacia delante.

3

2 Estira los brazos en cruz, a la altura de los hombros.

3 El torso gira suavemente hacia la izquierda desde la cintura. Las caderas y la pelvis deben permanecer mirando hacia delante.

4 Realiza el estiramiento dos veces, manteniendo la posición siete segundos cada vez, hasta notar como se estira la cintura. Vuelve poco a poco a la postura inicial y repite el ejercicio hacia el otro lado.

ATENCIÓN
Las rodillas deben estar siempre relajadas para poder mover mejor la zona superior del cuerpo. Como en el resto de estiramientos, no rebotes.

Estiramiento integral

Busca un espacio amplio en el suelo para realizar el ejercicio sin tropezar ni chocar con nada al estirar por completo brazos y piernas. Este estiramiento actúa sobre los abdominales, los músculos del abdomen.

1 Túmbate boca arriba en el suelo con las piernas estiradas.

2 Coloca los brazos por detrás de la cabeza y estíralos tanto como puedas.

3 Asegúrate de que la zona lumbar (los riñones) esté apoyada en el suelo y contrae los músculos del abdomen, metiéndolos hacia dentro.

4 Estira los dedos de pies y manos tanto como puedas. Deberías notar el estiramiento en todo el abdomen.

5 Mantén la posición y repite el ejercicio tres veces, diez segundos cada vez, haciendo una breve pausa entre ellas.

ATENCIÓN
Este ejercicio también resulta ideal para estirar todo el cuerpo de una pasada, de modo que puede usarse como ejercicio inicial de una tabla de gimnasia.

4

Estiramiento de oblicuos

Esta es una forma sencilla de realizar un buen estiramiento de los músculos de la cintura. Es posible que al caminar con las manos para ponerte en posición no llegues a las rodillas, pero no te preocupes: llega hasta donde puedas y te sientas cómoda.

1 Ponte a cuatro patas en el suelo con las rodillas alineadas con las caderas y las manos alineadas con los hombros.

2 Sin mover las rodillas, camina con ambas manos hacia el lado derecho hasta llegar a las rodillas, girando el torso desde la cintura. Deberías notar el estiramiento en toda la zona izquierda del cuerpo. Mantén la postura durante diez segundos y luego regresa caminando con las manos a la posición inicial.

3 Repite el movimiento hacia el lado izquierdo.

1

2

ATENCIÓN
Contrae el abdomen mientras realizas este estiramiento, así evitarás que la espalda se arquee.

Desbloqueo de la cadera

Al mover las caderas notarás el estiramiento de todo el abdomen. Además,
este ejercicio es ideal para dar movilidad
a las caderas... y ¿qué mejor manera de
empezar el día?

1 Colócate de pie con los pies separados
a una distancia algo superior al ancho
de las caderas.

2 Ponte las manos en la cintura y
comienza a mover lentamente las
caderas dibujando círculos en el sentido
de las agujas del reloj. Para controlar
el movimiento, dobla ligeramente las
piernas y mantén los pies completamente
apoyados en el suelo. Para hacer bien el
ejercicio, mantén la espalda recta en todo
momento e intenta no sacar el trasero.

3 Transcurridos 15 segundos, repite
el movimiento, esta vez en sentido
contrario a las agujas del reloj.

ATENCIÓN

Debes mover en círculo las caderas.
Si lo haces bien, la espalda no debe arquearse
ni debes notar dolor alguno. Practica este ejercicio
antes de empezar la tabla gimnástica: sabrás que
lo estás haciendo bien si notas el estiramiento.

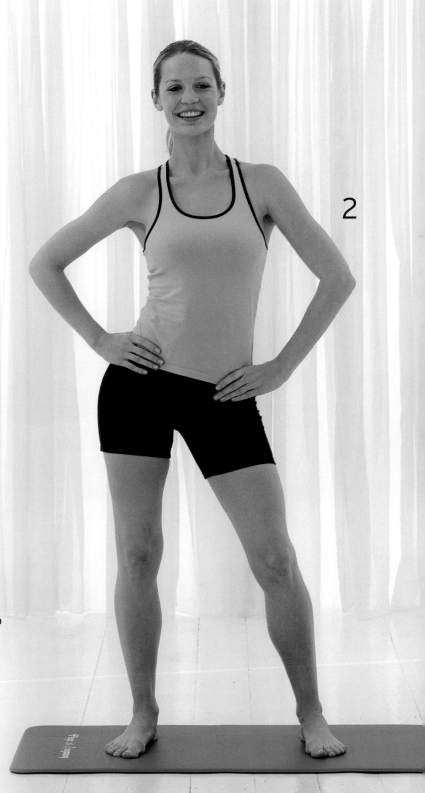

2

Estiramiento suave de pectorales

Este estiramiento actúa sobre los músculos pectorales, que son los músculos principales situados en la zona del pecho. También te ayudará a estirar el músculo supraespinoso, que recorre la zona superior de los omóplatos.

1 Puedes colocarte o bien de pie con los pies ligeramente separados (alineados con las caderas), o bien sentada en una silla. Sea cual sea la posición que escojas, asegúrate de mantener la espalda recta, y la cabeza y el cuello alineados con la columna vertebral.

2 Sube los brazos a la altura de los hombros y dobla los codos de manera que las manos se sitúen delante del pecho. Cierra los puños, pero sin apretarlos.

3 Lleva los codos lentamente hacia atrás, de forma que tus omóplatos se junten. Al hacerlo, sacarás ligeramente el pecho hacia fuera.

4 Mantén la posición diez segundos y vuelve a llevar los brazos hacia delante. Repite el ejercicio tres veces.

ATENCIÓN

Es bastante habitual cansarse al realizar este estiramiento, pero si perseveras, obtendrás unos resultados fantásticos.

Levantamiento del torso

El levantamiento del torso es una postura habitual en la práctica del yoga. Se trata de un ejercicio estupendo para estirar todos los músculos del pecho, incluidos los pectorales.

1 Túmbate boca abajo en el suelo con las manos apoyadas a ambos lados del pecho.

2 Sin levantar las caderas ni los muslos del suelo, eleva el torso haciendo fuerza con los brazos. No subas demasiado: basta con levantar un poco el pecho del suelo.

3 Mantén la postura durante diez segundos y luego vuelve a la posición inicial. Repite el estiramiento otras dos veces.

ATENCIÓN

Es posible que te resulte difícil arquear la espalda al levantar el torso del suelo, dependerá de la flexibilidad que tengas. Aunque te levantes poco, no dejes de practicar este estiramiento: comprobarás que cada día te resulta más fácil.

2

Estiramiento de hombros

Este es un estiramiento facilísimo de practicar que ayuda a liberar la tensión de los hombros. Es ideal practicarlo si estás sometida a estrés, porque te ayudará a deshacerte de la tensión acumulada.

1 Puedes hacer este estiramiento de pie o sentada.

2 Estira el brazo derecho hacia delante, en paralelo al suelo.

3 Con la mano izquierda, cógete el brazo derecho por detrás, por un punto situado entre el codo y el hombro, y tira de él con suavidad hasta que el brazo derecho te quede cruzado sobre el pecho. Deberías notar el estiramiento en la zona interior del brazo derecho y en el omóplato derecho.

4 Mantén la posición durante siete segundos, repite el estiramiento con el mismo brazo y luego realiza dos repeticiones más con el otro.

ATENCIÓN

Para no girar el torso, asegúrate de que las caderas estén orientadas hacia delante en todo momento.

2

3

Estiramiento de pectorales

Los músculos pectorales son los grandes músculos situados bajo el pecho. Estirarlos te ayudará a deshacer los nudos de tensión que hayan podido aparecer a causa de llevar siempre colgando un pesado bolso. Además, este estiramiento te ayudará a respirar hondo, lo cual te hará sentir más animada y fresca a primera hora de la mañana.

1 Colócate de pie con los pies separados (alineados con las caderas).

2 Apoya las palmas de las manos en el nacimiento de las nalgas, lleva los hombros muy suavemente hacia atrás y saca el pecho hasta notar el estiramiento. No bloquees los codos.

3 Realiza el estiramiento tres veces, diez segundos cada vez.

ATENCIÓN
Al echar los hombros hacia atrás, procura no arquear la espalda. Todo el movimiento debe proceder de los hombros.

2

Estiramiento de la zona interior del brazo

Este ejercicio actúa sobre los músculos de la zona superior del brazo. Te sorprenderá lo fácil que es notar el estiramiento.

1 Colócate de pie junto al marco de una puerta abierta, con los abdominales contraídos y el cuerpo recto.

2 Cógete al marco de la puerta con la mano izquierda, un poco por debajo de la altura del hombro (lo más alto que puedas sin que te resulte incómodo). Da un paso amplio hacia delante, de modo que el brazo izquierdo quede estirado tras de ti. Con las caderas mirando hacia delante y la cabeza y el cuello alineados con la columna, gira el torso hacia la derecha hasta que notes el estiramiento del brazo izquierdo. Inclínate hacia delante para notarlo más.

3 Realiza el estiramiento dos veces durante siete segundos y luego repítelo con el brazo derecho.

ATENCIÓN
No te preocupes si te cuesta levantar el brazo a la altura del hombro: puedes lograr un buen estiramiento aunque esté un poco más abajo.

2

BRAZOS, HOMBROS Y PECHO

Estiramiento de bíceps

Los bíceps son los grandes músculos de
la zona superior delantera de los brazos.
Estirarlos te permitirá tener unos brazos
esbeltos para lucir con camisetas de tirantes.

1 Colócate de pie con los pies separados,
los abdominales contraídos y los brazos
estirados a ambos lados del cuerpo.

2 Estira el brazo derecho hacia delante
con la palma plana hacia arriba.

3 Estira el brazo izquierdo y coloca la
palma izquierda sobre la derecha.
Aprieta suavemente una mano contra la
otra. Notarás el estiramiento de los bíceps.

4 Mantén la postura diez segundos tres
veces y luego repítela alternando la
posición de los brazos.

ATENCIÓN

No hagas mucha fuerza con las palmas.
Tómatelo con calma y empieza apretándolas
un poco para notar un ligero estiramiento.
Poco a poco ve aumentando la fuerza.

4

3

Estiramiento de tríceps

Los tríceps son los músculos situados en la zona superior posterior de los brazos. Estirarlos te ayudará a estimular la circulación y librarte de las manchas y los granitos que puedan formarse en la piel de esta zona.

1 Colócate de pie con los pies ligeramente separados (alineados con las caderas).

2 Estira el brazo derecho hacia arriba y dobla el codo, de modo que la mano caiga por la zona de la nuca.

3 Agárrate el codo derecho con la mano izquierda y tira suavemente de él hacia la izquierda: al hacerlo, la mano derecha descenderá automáticamente entre los omóplatos. Deberías notar el estiramiento del tríceps del brazo derecho. Mantén la barbilla alta para no tensar el cuello.

4 Realiza el estiramiento dos veces, durante siete segundos cada vez, y luego repítelo con el brazo izquierdo.

ATENCIÓN

Al hacer este movimiento resulta sumamente fácil dejar caer la cabeza hacia delante y apoyar la barbilla en el cuello. No permitas que esto ocurra, ya que sólo conseguirías tensar el cuello. Mantén la barbilla alta y mira al frente durante todo el estiramiento.

Postura del caracol

Este estiramiento es ideal para trabajar los músculos de los hombros y los de la espalda al mismo tiempo. Relájate y disfruta de sus beneficiosos efectos.

1 Ponte a cuatro patas en el suelo y echa el cuerpo hacia atrás hasta sentarte sobre los talones. Relaja el cuello y la cabeza y mantén la vista fija en el suelo.

2 Estira los brazos hacia delante, apoya las palmas de las manos en el suelo y estíralas.

3 Camina con las manos hacia delante lo máximo que puedas, hasta notar el estiramiento en el centro de la espalda.

4 Realiza el estiramiento tres veces, diez segundos cada vez.

ATENCIÓN

No tenses el cuello intentando mirar hacia delante. Lo mejor es relajar la cabeza y el cuello y mantener la vista fija en el suelo.

1

3

Estiramiento de dorsales

Estirar los músculos de la espalda tendrá efectos terapéuticos tanto en tu cuerpo como en tu estado mental. La espalda es una de las primeras zonas en acumular tensión y estrés, de modo que estirar los músculos que la integran te ayudará a tranquilizarte y afrontar con buen humor el día que tienes por delante.

1 Colócate de pie con los pies separados (alineados con las caderas).

2 Entrelaza los dedos y estira los brazos hacia delante lo máximo que puedas. Las palmas deben mirar hacia fuera.

3 Deja que la zona superior de la espalda se relaje bajando los hombros hasta su posición natural.

4 Mantén la postura diez segundos. Deberías notar el estiramiento entre los omóplatos. Haz una breve pausa y luego vuelve a repetir el estiramiento dos veces más.

ATENCIÓN
Si te resulta difícil relajar la espalda, respira profundamente y baja los hombros. Esto tendrá un efecto relajante inmediato.

3

Rodillas al pecho

El estiramiento con rodillas al pecho es un modo suave de estirar los músculos de la zona central de la espalda. Este ejercicio resulta muy reconfortante si se hace correctamente, así que tómate el tiempo necesario para hacerlo bien.

1 Túmbate en el suelo boca arriba con las rodillas dobladas y los pies apoyados planos en el suelo. Estira los brazos, relajados, a los lados.

2 Con mucha suavidad, lleva las rodillas hacia el pecho.

3 Contrae los músculos abdominales y levanta ligerísimamente la rabadilla del suelo. Agárrate las rodillas con las manos para no perder el equilibrio. Deberías notar el estiramiento en el centro de la espalda.

4 Realiza el estiramiento tres veces, diez segundos cada vez, haciendo una brevísima pausa entre ellas.

ATENCIÓN

Existe la tendencia a aguantar la respiración durante este estiramiento. ¡No lo hagas! Respira lenta y profundamente y comprobarás que el estiramiento resulta mucho más fácil y eficaz.

Estiramiento de la zona lumbar

Este ejercicio es estupendo para trabajar los músculos de la parte inferior de la espalda, la zona lumbar, que suele ocasionar molestias, sobre todo si se duerme mal. Estirar estos músculos por la mañana te ayudará a no notarlos cargados durante el día.

3

1 Colócate de pie con los pies ligeramente separados (alineados con las caderas) y las rodillas ligeramente flexionadas.

2 Coloca las manos en la zona interior de los muslos, con las palmas hacia fuera.

3 Contrae los abdominales y arquea poco a poco la columna hasta notar cómo se estira la zona lumbar.

4 Mantén la posición unos ocho segundos y luego endereza lentamente la espalda hasta recuperar la postura natural erguida. Mantén la espalda recta, levanta la barbilla y mira hacia delante.

5 Repite el estiramiento tres veces.

ATENCIÓN

Si no notas el estiramiento, baja un poco las manos: notarás más el efecto del ejercicio.

Estiramiento de la cintura y de la zona lumbar

Este es otro modo fantástico de estirar los músculos de la zona baja de la espalda. Si realizas el ejercicio lenta y suavemente, incluso te ayudará a aliviar el dolor lumbar.

2

1 Túmbate boca arriba en el suelo con las piernas rectas y el brazo derecho estirado en perpendicular al cuerpo.

2 Dobla la rodilla derecha, sujétala con la mano izquierda y llévala hacia tu izquierda, aproximándola lo máximo que puedas al suelo, sin llegar a sentir dolor en ningún momento. Mantén la mano derecha abierta y estirada a tu derecha para aumentar el estiramiento de la cintura y la zona lumbar.

3 Realiza el estiramiento dos veces hacia cada lado, manteniendo la posición siete segundos cada vez y realizando una breve pausa entre ellas.

ATENCIÓN

Al estirarte hacia la izquierda, asegúrate de mantener la cadera derecha en el suelo, y viceversa. Eso impedirá que te estires demasiado y te hagas daño en la zona lumbar.

Postura del gato

Este ejercicio se conoce con este nombre porque, si lo haces bien, parecerás un gato estirándose. Actúa sobre los principales músculos de la espalda.

1 Colócate a cuatro patas en el suelo. Relaja la cabeza y el cuello, de modo que queden alineados con la columna vertebral y mires al suelo.

2 Arquea lentamente la espalda, contrayendo los abdominales y encorvando la columna hacia arriba. Levanta la cabeza mientras lo haces.

3 Mantén el estiramiento unos ocho segundos, luego baja la espalda hasta que vuelva a quedar recta y recuperes la posición inicial. Al hacerlo, relaja también la cabeza y el cuello.

4 Haz una pausa de un segundo y repite el ejercicio tres veces.

5 Cuando hayas acabado, siéntate sobre los talones y estira los brazos hacia delante: esto completará el movimiento.

ATENCIÓN

Procura no combar la espalda hacia abajo porque podría provocarte dolor lumbar. Para evitarlo, realiza el estiramiento de forma lenta y suave. Esto te permitirá mantener el control de tu cuerpo en todo momento.

2

5

Estiramiento de cuello

Este ejercicio es un excelente sustituto de un masaje de cuello. Ayuda a relajar los músculos, los calienta y los estira de forma agradable. Además, es mucho más seguro que hacer rotaciones, porque ejerce menos presión en los músculos circundantes.

1 Colócate de pie con los pies separados, alineados con las caderas. Relaja los hombros y mantén la vista al frente y la cabeza erguida.

2 Empieza el estiramiento bajando poco a poco la barbilla hacia el cuello. Aguanta unos segundos y siente el estiramiento de toda la zona de la nuca. Levanta lentamente la cabeza hasta recuperar la posición inicial.

3 A continuación, gira la cabeza hacia la derecha y mantenla en esta posición unos segundos; luego gírala hacia la izquierda, mantén la posición unos segundos más y recupera la postura inicial, volviendo a mirar al frente.

4 Repite la secuencia tres veces, hasta agotar los 30 segundos destinados al ejercicio.

ATENCIÓN
Asegúrate de mantener las caderas mirando hacia el frente en todo momento. ¡Es la cabeza la que tiene que moverse, no todo el cuerpo!

2

3

3

Este plan quincenal es un ejemplo de cómo puedes estructurar tu programa de estiramientos. Hemos seleccionado una combinación de ejercicios para estirar los principales grupos de músculos del cuerpo y ofrecerte una tabla de gimnasia completa.

Realizarás dos tandas de seis ejercicios cada mañana, con una duración total de seis minutos. Si prefieres componer tu propio plan de ejercicios, ¡adelante! No obstante, te recomendamos que empieces por este y vayas comprobando los resultados: si ganas flexibilidad y si te sientes más relajada. En función de los resultados puedes adaptar la tabla según tus preferencias. Y ahora, en marcha...

Día 1

Estiramiento de isquiotibiales: **pág. 10**
Estiramiento del músculo piriforme **pág. 16**
Estiramiento de gemelos **pág. 20**
Estiramiento lateral **pág. 24**
Estiramiento suave de pectorales **pág. 30**
Estiramiento de dorsales **pág. 38**

Día 2

Estiramiento de aductores **pág. 11**
Estiramiento de glúteos **pág. 17**
Alargamiento del gemelo **pág. 21**
Estiramiento lateral con brazo **pág. 25**
Levantamiento del torso **pág. 31**
Rodillas al pecho **pág. 39**

Día 3

Estiramiento de los músculos flexores
  de la cadera **pág. 12**

Sentadilla sobre una pierna **pág. 18**

Estiramiento del sóleo **pág. 22**

Torsiones **pág. 26**

Estiramiento de hombros **pág. 32**

Estiramiento de la zona lumbar **pág. 40**

Día 4

Estiramiento de cuádriceps **pág. 13**

Estiramiento de glúteos y muslos **pág. 19**

Rotación de tobillos y estiramiento de
  gemelos **pág. 23**

Estiramiento integral **pág. 27**

Estiramiento de pectorales **pág. 33**

Estiramiento de dorsales **pág. 38**

Día 5

Manos al suelo **pág. 14**

Estiramiento de glúteos **pág. 17**

Estiramiento de gemelos **pág. 20**

Estiramiento de los músculos oblicuos
  pág. 28

Estiramiento de la zona interior del brazo
  pág. 34

Estiramiento de la cintura y de la zona
lumbar **pág. 41**

Día 6

Zancada **pág. 15**

Sentadilla sobre una pierna **pág. 18**

Alargamiento del gemelo **pág. 21**

Desbloqueo de la cadera **pág. 29**

Estiramiento de bíceps **pág. 35**

Postura del gato **pág. 42**

PLAN QUINCENAL

Día 7

Estiramiento de isquiotibiales **pág. 10**
Estiramiento de glúteos y muslos **pág. 19**
Estiramiento del sóleo **pág. 22**
Estiramiento lateral **pág. 24**
Estiramiento de tríceps **pág. 36**
Estiramientos de cuello **pág. 43**

Día 9

Estiramiento de los músculos flexores
   de la cadera **pág. 12**
Estiramiento de glúteos **pág. 17**
Estiramiento del sóleo **pág. 22**
Torsiones **pág. 26**
Postura del caracol **pág. 37**
Rodillas al pecho **pág. 39**

Día 8

Estiramiento de aductores **pág. 11**
Estiramiento del músculo piriforme **pág. 16**
Rotación de tobillos y estiramiento de los
gemelos (Punta-flex) **pág. 23**
Estiramiento lateral con brazo **pág. 25**
Estiramiento suave de pectorales **pág. 30**
Estiramiento de dorsales **pág. 38**

Día 10

Estiramiento de cuádriceps **pág. 13**
Sentadilla sobre una pierna **pág. 18**
Estiramiento de gemelos **pág. 20**
Estiramiento integral **pág. 27**
Levantamiento del torso **pág. 31**
Estiramiento de la zona lumbar **pág. 40**

Día 11

Manos al suelo **pág. 14**

Estiramiento de glúteos y muslos **pág. 19**

Alargamiento del gemelo **pág. 21**

Estiramiento de los músculos oblicuos
 pág. 28

Estiramiento suave de pectorales **pág. 30**

Estiramiento de la zona interior
del brazo **pág. 34**

Día 13

Estiramiento de aductores **pág. 11**

Estiramiento de glúteos **pág. 17**

Rotación de tobillos y estiramiento de
 los gemelos (Punta-flex) **pág. 23**

Estiramiento lateral **pág. 24**

Estiramiento de la zona interior del brazo
 pág. 34

Postura del gato **pág. 42**

Día 12

Zancada **pág. 15**

Estiramiento del músculo piriforme
 pág. 16

Estiramiento del sóleo **pág. 22**

Desbloqueo de la cadera **pág. 29**

Estiramiento de hombros **pág. 32**

Estiramiento de la cintura y de la zona
 lumbar **pág. 41**

Día 14

Estiramiento de cuádriceps **pág. 13**

Sentadilla sobre una pierna **pág. 18**

Estiramiento de gemelos **pág. 20**

Estiramiento lateral con brazo **pág. 25**

Estiramiento de tríceps **pág. 36**

Estiramiento de la zona lumbar **pág. 40**

ÍNDICE ALFABÉTICO

alargamiento del gemelo 21

calentamiento 9

desbloqueo de la cadera 29

ejercicios para el abdomen 24-29
ejercicios para el cuello 43
ejercicios para la cintura 24-29, 41
ejercicios para la espalda 38-43
ejercicios para las piernas 10-15
ejercicios para los brazos 30-37
ejercicios para los gemelos 20-23
ejercicios para los glúteos 16-19
ejercicios para los hombros 30-37
ejercicios para los pectorales 30-33
ejercicios para los tobillos 23
eliminación de toxinas 7
equipo 8
estiramiento de aductores 11
estiramiento de bíceps 35
estiramiento de cuádriceps 13
estiramiento de cuello 43
estiramiento de dorsales 38
estiramiento de gemelos 20
estiramiento de glúteos 17
estiramiento de glúteos y muslos 19
estiramiento de hombros 32
estiramiento de isquiotibiales 10
estiramiento de la cintura y de la zona
   lumbar 41
estiramiento de la zona interior
   del brazo 34
estiramiento de la zona lumbar 40
estiramiento de los músculos flexores
   de la cadera 12
estiramiento de los músculos oblicuos 28

estiramiento de pectorales 33
estiramiento de tríceps 36
estiramiento del músculo piriforme 16
estiramiento del sóleo 22
estiramiento integral 27
estiramiento lateral 24
estiramiento lateral con brazo 25
estiramiento suave de pectorales 30

levantamiento del torso 31

manos al suelo 14

postura del caracol 37
postura del gato 42

relajación 7
respiración 7, 9
rodillas al pecho 39
ropa deportiva 8
rotación de tobillos y estiramiento
   de gemelos (punta-flex) 23

sentadilla sobre una pierna 18

torsiones 26

visualizaciones 7, 9

zancada 15